LES

FREDAINES

DE LA

CHANSON

SOUVENIR

DE

POMPONNE-LES-BOIS

20 Août 1876

LES

FREDAINES

DE LA

CHANSON

Ce petit Recueil
n'a été tiré qu'à cent exemplaires numérotés
et paraphés.

N^o _____

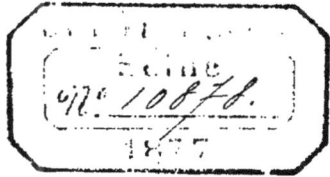

LES

FREDAINES

DE LA

CHANSON

SOUVENIR

DE

POMPONNE-LES-BOIS

I

20 Août 1876

1876

BANQUET DE POMPONNE

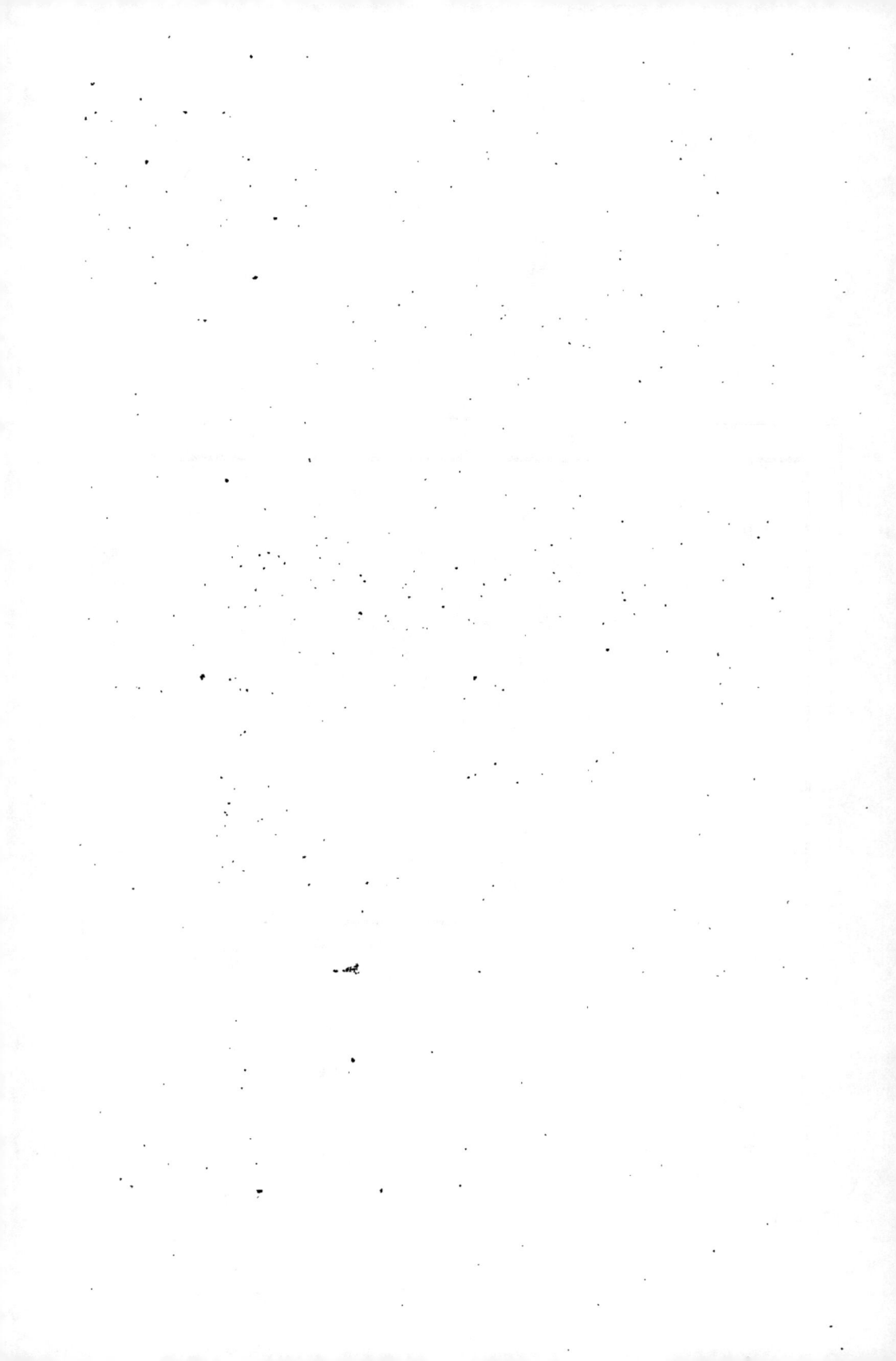

RÉCIT d'une joyeuse journée offerte par Jules Échalié et sa famille à turbulente et nombreuse compagnie rimaillante et griffonnante. On y trouvera le gros des détails de cette agape de grande liesse où dame Lice Chansonnière avait fourni, pour sa part, neuf des siens, amis de la joie un tantinet vinicole. Les élucubrations poético-chantantes d'iceux se trouvent à la suite du dit récit pour l'esbattement de quelques autres des leurs. — Qu'on se les chante !

Ce matin-là, vingt Août mil huit cent soixante-seize, une chose extraordinaire se passait dans Paris : un certain nombre de chansonniers — braves citoyens qui habituellement sont encore dans les bras de Morphée quand le soleil se promène déjà depuis longtemps — assistaient au lever de l'Aurore. Ryon descendait gravement son faubourg Saint-Martin, lorgnon à l'œil et canne à la main ; Jeannin montait tout doucement le même faubourg en rallumant sa pipe chez chaque marchand de tabac qui débouclait ses volets ; Rubois, caché derrière sa barbe noire, était bien étonné de voir dans les glaces des boutiquiers de la rue du Temple quelqu'un qui lui ressemblât tant, armé d'un parapluie si parfaitement semblable au sien ; Landragin arpentait presque en courant les ponts de l'Ile Saint-Louis : il avait donné rendez-vous à la femme de son ami Baillet.—Un rendez-vous à six heures du matin !... fiez-vous donc aux amis ! — Le Boullenger abandonnait la place des Victoires, leste comme un jeune homme, escorté de sa femme et de son fils ; Chebroux et sa famille bousculaient les passants matinals de la rue d'Aboukir ; Dubois et son épouse, ceux du boulevard Magenta.

Où allait tout ce monde ? Y avait-il un but, un mot d'ordre, un point de ralliement ?..... Mystère et complication !

A sept heures, les susdits camarades arrivaient à la gare du chemin de fer de l'Est. Là — un des leurs qui les avait devancés — Échalié, leur distribuait à chacun un billet, et, quelques minutes après, par un soleil un peu aquatique, la joyeuse troupe était sur la route de Pomponne-les-Bois ; car, un but, il y en avait un : le plaisir ; un mot de ralliement : Amitié ! Et comme chacun était arrivé avec ce mot dans le cœur et sur les lèvres, tous avaient passé !

Une heure s'était à peine écoulée que ces mots : « Lagny-Thorigny ! » rappelèrent à nos voyageurs qu'ils étaient dans Seine-et-Marne, et qu'il fallait mettre pied à terre. — Rubois faillit se trouver mal en apprenant qu'il n'était plus dans le département de la Seine : il n'avait jamais dépassé Vincennes et craignait que les gendarmes ne lui demandassent ses papiers. Chebroux fit de son mieux pour le rassurer et, lui montrant un troupeau : « Vois « ces jolis moutons, » lui dit-il. « Ah ! c'est ça des moutons ! « exclama Rubois, je n'en avais jamais vu qu'en côtelettes ! » — Le trajet de soixante minutes n'avait semblé long à personne ; à peine Le Boullenger avait-il eu le temps de faire une cinquantaine de calembours ; c'est habituellement ce qu'il en produit en une demi-heure ; mais, en chemin de fer, on va si vite que les heures n'y sont peut-être que de trente minutes. — Maître Échalié n'a rien oublié ; à son titre d'amphitryon, il joint celui d'organisateur : des voitures sont là qui nous attendent. En route pour Pomponne-les-Bois ! — Le chaud soleil du commencement du mois n'a pas brûlé toutes les feuilles ; la route est belle et verte ; tout le monde est gai ; au bout de quelques minutes les voitures s'enfoncent

« Dans des sentiers perdus, sur de grands tapis verts, »

et déjà nous voyons apparaître l'oasis ensoleillée de ce désert d'ombrage, la splendide maison où la plus cordiale hospitalité nous attend. La grille s'ouvre et voici venir à nous, le sourire dans les yeux et les mains ouvertes pour presser les nôtres, toute la famille Échalié : le père, figure franche et joviale ; puis, Mme Échalié, qui ne sait quelles amitiés faire à cette bruyante compagnie ; Mme Léautté, alerte et vigoureuse ; près d'elle, son mari, le photo dont les traits nous rappellent vaguement notre cher Desforges de Vassens, et, — charmants ornements de ce groupe sympathique, — Mlle Louise Échalié et Mlle Marie, sa cousine; enfin quelques parents et amis de la famille, visiteurs assidus de la Lice Chansonnière. La grille se referme, nous voilà prisonniers pour douze heures; que n'est-ce pour douze mois !

Quand arriva l'heure du déjeuner, chacun y était vigoureusement préparé par trois heures de promenade dans les bois de Pomponne : l'un avait cueilli les dernières pâquerettes, l'autre avait composé des quatrains que vous lirez plus loin, celui-ci (peut-être Rubois) s'était sculpté un manche de parapluie; celui-là (probablement Dubois) avait fait choix d'une magnifique canne à pêche; enfin toute la compagnie avait ri comme une troupe d'enfants qu'elle était ce jour-là.

Au premier coup de midi : «A table !» cria-t-on de toute part, et l'écho répondit au loin : « A table ! » Mais il en manquait un ; ce diable de Baillet, qui avait obtenu un sursis, n'arrivait pas. C'est que chacun ignorait que, dix ans plus tôt, Baillet, en qualité de touriste-photographe, avait fait long séjour à Lagny, et qu'il lui eût semblé bien dur de passer si près de quelques bons souvenirs sans leur faire visite. Quel bonheur de revoir la vieille fontaine où l'on rencontrait les jeunes filles souriantes et causeuses, la ruelle étroite et verte où l'on est venu dans une pauvre cabane reproduire les traits d'un petit tyran de quatre ou cinq ans, où l'on a vu sa mère, les larmes aux yeux, sourire à la vue de cette petite image encadrée d'un carton vert ou jaune, — tant il est vrai qu'avec un bon cœur, il y a du bonheur pour tout le monde ! — Baillet n'avait pu résister à tout cela, et ce n'est qu'à midi quinze minutes que l'on put s'écrier : « Entendez-vous les pas d'un cheval?... C'est Baillet ! » Et c'était lui. Rubois, déguisé en druide pour la circonstance, lui lança l'anathème et le déjeuner commença.

Quelle tablée, mes amis ! Vingt-quatre têtes sont là réunies autour d'une table ronde ; la nature a fait les frais de la couverture de feuillage. Mais regardez donc toutes ces figures ! pas une qui ne soit heureuse de voir toutes les autres ; malgré l'appétit de chacun, les rires, les bons mots se croisent. O chère et sainte amitié ! tout ce que tu as de bon et de pur était réuni ce jour-là sous la tonnelle de Pomponne-les-Bois ! Le Ciel essaye bien quelquefois de nous rafraîchir, mais notre parasol vert le combat victorieusement, et Jeannin, à qui nous ne connaissions pas ce pouvoir, arrête la pluie par des mots et des gestes cabalistiques qu'il a appris en Afrique, et cela chaque fois que la chose devient nécessaire. Et dire qu'avec une puissance pareille il s'amuse à faire des feuillages artificiels pour vivre !

Au dessert la Chanson se fit naturellement entendre : on n'est pas impunément là *Lice Chansonnière* et la Chanson en fredaine. C'est Rubois, c'est Ryon, c'est Jules Échalié, c'est Chebroux, qui, moins paresseux que leurs collègues, ont rimé des chansons pour la circonstance. Applaudissons-les chaleureusement, et vive la Chanson ! — Vous lirez ces œuvres plus loin.

> Promenons-nous dans le bois
> Pendant que l'eau n'y tombe pas.

Il y a là sous la main tous les plaisirs de la campagne : la vue des fleurs de l'arrière-saison, un tir au pistolet, une balançoire, un jeu de tonneau, des allées de verdure qui n'aboutissent nulle part. Ébattez-vous, Parisiens, prenez de l'air pour plusieurs jours, pour plusieurs semaines peut-être !

Mais quels mots circulent !... Groupe, .. portraits,... phothographie ! Voici venir Léautté et Baillet. Ils ont l'air grave : « Le moment est venu, disent-ils, vous allez être tous exécu- « tés ! » Et leurs mains portent les instruments de supplice... photographique !

Ces mots, loin d'inspirer l'effroi, provoquent au contraire trop de rires : chacun s'arme d'une chaise : « Moi, je veux être à côté « de toi ! moi, près de ma femme ! moi, debout ! moi ! moi ! » Ah ! malheureux photos ! quelle entreprise ! Enfin, au bout d'une heure de poses, de reposes et de rereposes, chacun ayant remué à son tour, l'art photographique avait pu mettre au monde l'image qui figure en tête de ce volume.

Quand on eut ensuite chanté sous les tonnelles, parcouru les allées du bois et du jardin, et visité l'intérieur de la maison, l'heure du dîner était arrivée. Nous assistions à une représentation du pays de Cocagne, dont nous étions les acteurs : « Qu'en « dis-tu, ma vieille branche ? » s'écriait Jeannin. « Je trouve que « la vie est douce, » répondait Chebroux.

Nos infatigables amphitryons avaient dressé la table, et le potage répandait son parfum. En avant les mâchoires ! et vive la gaieté ! Nous n'avons qu'un temps à vivre. Les jeux de mots sont permis ; Le Boullenger a la parole et il en use à la satisfaction des convives.

Mais tout cela n'est rien, voici le dessert : pan ! pan ! pan ! — c'est le feu d'artifice qui commence : au-dessus de nous des fusées qui jettent dans l'air des boules de feu multicolores ; là-bas, des gerbes splendides ; ici, des jets d'eau *de feu ;* et tout cela à travers le feuillage : l'effet est magnifique ! Voici des flammes de Bengale, la verdure se découpe sur un fond rouge ; plus loin, tout est vert et or ; puis, au milieu de ces effets féeriques, on aperçoit Échalié, qui change de couleur selon la situation, car c'est lui qui dirige tout cela : il est son artificier, son aide, son tout, et sa haute stature se montre fantastique dans ces nuages de fumée et de feu. — Voici le bouquet ! On doit le voir de trois lieues à la ronde ; c'est magique ! mais ce n'est pas fini : pendant ce temps les allées du bois et du jardin se sont garnies de lanternes vénitiennes. En avant la retraite aux flambeaux ! Chacun s'arme d'une lanterne : l'un la porte à la main, l'autre sur sa tête, celui-ci au bout d'un bâton ; Jeannin trouva même le moyen de s'en faire des boucles d'oreilles et de s'en accrocher devant, derrière et sur les côtés ; il ressemblait à un phare animé ayant quitté les falaises pour une exploration à l'intérieur des terres. Tout ce monde ainsi équipé s'agite joyeusement, puis se forme en colonne et parcourt les grandes allées au chant d'ouverture de la *Lice* :

Gais chansonniers et buveurs rubiconds,
L'heure est sonnée, il faut entrer en lice ;
Puisque l'ivresse enfante la malice,
Sans plus tarder saisissons nos flacons.
Versons du vin, sablons jusqu'à la lie,
Guerre à jamais à la mélancolie !
    Bacchus, de ses faveurs, *(bis)*
    Comblera les vainqueurs !

Le Boullenger, notre Président, étant un peu fatigué, ne peut prendre part à cette promenade, mais il se place dans un fauteuil devant la maison, et quand la bande joyeuse et lumineuse défile devant lui, il chante chacun des couplets d'une voix sonore ; puis il entend bientôt le refrain de Blondel se perdre de nouveau dans les avenues éclairées comme par le soleil. — N'a-t-on pas aussi chanté un peu la République ? Si, pourquoi l'oublierait-on, au fait, cette bonne République ? pourquoi, nous qui l'aimons, n'aurions-nous pas dans nos plaisirs un souvenir pour elle ? et l'heure avancée, le moment de quitter ces joyeux parages ne semblaient-ils pas nous indiquer comme étant de circonstance : le *Chant du Départ?*

Mais tout finit ! il faut partir ! Les voitures sont à la porte ; l'impitoyable chemin de fer est à quatre kilomètres ! On échange de bons baisers sur des joues bien roses, — car, après une journée passée ainsi, toutes les joues sont roses, — et de sincères poignées de mains ; puis, on prend congé de ses hôtes presque soucieux de tant de bonheur en si peu de temps, et bientôt l'on est sorti des bois pour reprendre la route de Lagny. Jusqu'au chemin de fer, des chansons ; en chemin de fer, des chansons. Échalié revient avec nous ; il veut accomplir sa joyeuse tâche jusqu'au bout : il a emmené ses convives en chantant, et c'est au moment où le sifflet de la locomotive nous annonce que nous sommes dans la capitale qu'il termine la chanson de circonstance : *Le Curé de Pomponne.*

Eugène BAILLET,

Membre de la *Lice Chansonnière.*

BAILLET

Le type ci-dessus a nom Baillet (Eugène), — son acte de baptême ajoute aussi Joseph, mais il ne l'avoue pas. Au moment où vous le voyez il demande des têtes ! des têtes !..... à photographier. Chebroux l'a dessiné de manière à ne pas lui attirer la clientèle des jeunesses de son arrondissement, c'est-à-dire plus laid que nature. Que Chebroux se présente devant son appareil, et il recevra la monnaie de sa pièce. Baillet et son collègue Léautté, les photos ordinaires et si célèbres de Pomponne-les-Bois, avaient encore à eux deux 218 cheveux châtains le matin du 20 Août, mais le soir on eut beaucoup de peine à leur en trouver 114 : *Bonum vinum lætificat cor hominum* et fait remuer les amis dont on voudrait avoir les portraits. — Baillet est de la *Lice Chansonnière ;* il en a été Vice-Président et le sera peut-être encore ; il a fait beaucoup de chansons, et le plus grand bonheur de sa vie a été de les entendre chanter par les gamins de Paris et d'ailleurs.

CHEBROUX

EN CHŒUR :

Qué qu' c'est que c' beau garçon-là ?
Est-c'l'amant d'A...? (*bis*)
Qué qu' c'est que c'beau garçon-là,
Est-c' l'amant d'Amanda ?

Non, Mesdames et Messieurs, ce n'est pas lui ; c'est Chebroux, le dessinateur des binettes et illustrations qui ornent ce précieux petit livre ; il joint à ce titre celui de Secrétaire de la *Lice Chansonnière* et beaucoup d'autres aussi flatteurs pour lesquels il n'est pas décoré. Au moment où il vous apparaît, il taille son crayon pour nous dessiner à la plume, — fantaisie d'artiste. — Ceux qu'il a faits jolis tout plein bénissent son nom et parlent de lui voter une couronne ; les autres lui souhaitent une extinction de voix au moment de chanter. Comme chansonnier il n'en est point à ses débuts : la *Chanson française*, les *Recueils de la Lice*, et toutes sortes d'autres bons coins contiennent ses couplets auxquels le public fait le meilleur accueil. Il est âgé de 36 ans ; les cheveux que vous lui voyez sont bien à lui, et pour comble de bonheur il s'appelle Ernest.

DUBOIS

Cet intrépide pêcheur a exigé d'être reproduit dans le costume de ses rêves. C'est le plus farouche écumeur de goujons de Charenton à Maisons-Alfort : on cite des dimanches où il en a pris jusqu'à 23. Aussi dans la propriété de Pomponne demandait-il continuellement où était l'étang. Lorsque le moment de se faire photographier fut venu, on chercha Dubois 55 minutes environ et on finit par le découvrir la ligne en main suspendu dans les branches au-dessus d'une flaque d'eau causée par la pluie de la veille — il l'avait prise pour un bras de la Marne — on eut toutes les peines du monde à le dissuader. Ce qu'il y a de plus étrange, c'est que les chansons de Dubois sont ennemies de l'eau : *Quand je vois bourgeonner ma vigne; Je crois que je deviens ivrogne,* en sont une preuve. Pourtant sa passion ne l'empêche pas de penser à ses amis; aussi le matin du 20 Août avait-il distribué à chacun de nous une paire de pipes de sa fabrication, et cela à la satisfaction générale. Il est membre de la *Lice Chansonnière* et est encore un de ces heureux mortels qui ont prénom Ernest.

ÉCHALIÉ

Heureusement qu'à la *Lice* nous parlons presque toujours français, car si nous parlions argot, le dessin ci-dessus nous représentant Échalié en train de *remuer la casserole* jetterait un froid; mais c'est la casserole aux bonnes choses que le maître amphitryon nous a servies à Pomponne-les-Bois, — on s'en lèche encore le souvenir! Notre dessinateur aurait pu garnir ses poches de fusées volantes et nous le représenter au milieu du bouquet de feux d'artifice dont il nous a régalés le 20 Août, c'eût été plus chaud et plus lumineux de dessin. C'est un croquis sur la planche tout fait pour l'année prochaine. Échalié est membre de la *Lice Chansonnière* et du *Caveau;* il n'en est pas plus vieux pour ça : c'est un jeune homme pour la *Lice*, un enfant pour le *Caveau*. Les recueils desdites Sociétés contiennent ses chansons, sans compter celles qu'il dit un peu partout. Il a pour prénom Jules..... On n'a pas tous les bonheurs !

JEANNIN

Quand je ramassais du crottin
Pour not' jardin.

Tel est le refrain d'une chanson de Jeannin qui a motivé le dessin ci-dessus. C'est le gamin de Paris dans toute la bonne acception du mot. Jeannin est la note gaie de la *Lice Chansonnière*, il en est aussi le Maître des Chants et l'Archiviste. Quel cumulard ! Et ce n'est pas tout : c'est aussi lui qui nous souffle des airs pour nos chansons ; mais chantez-les correctement, sans quoi vous le voyez rougir à vue d'œil, et s'avançant vers vous d'un air mystérieux, ces paroles lui sortent péniblement de la gorge : « Tu ne connais donc pas la *Clé du Caveau ?* » Jeannin fait partie de la *Lice* depuis nombre d'années, aussi nos recueils possèdent-ils une quantité considérable de ses refrains, d'une originalité et d'un drôlatique auxquels on les reconnaît toujours facilement. Néanmoins, quand il le veut, il touche avec réussite la corde sérieuse ou sentimentale. Comme signe particulier, il n'a jamais rien sur la tête et il perd son billet de chemin de fer quand il vient à Pomponne-les-Bois.

LANDRAGIN

Notre dessinateur a peut-être fait notre ami Landragin un peu furieux ; cependant, gare ! il tient son bâton, et quand il en use dans ses couplets, tant pis pour ceux qui se trouvent dessous ; on croirait l'entendre chanter : *Assez, assez de Fariradondaine*, satire pleine d'esprit et de verve, qu'il a dite à Pomponne, ainsi que *Polichinelle*, qui a motivé le costume ci-dessus. Landragin est un chansonnier de la vraie souche gauloise, il est membre de la *Lice Chansonnière*, et on le rencontre partout où la vieille goguette se trouve encore quand une circonstance le lui permet. Il est né en 1821, — c'est là le plus grand de ses soucis. — Il a proposé maintes fois à Échalié de troquer sa vieille réputation de chansonnnier contre l'acte de naissance de ce dernier, qui n'est que de 1846, mais l'affaire en est là. Il fait du reste tout ce qu'il peut pour tromper les indiscrets qui le questionnent à ce sujet en se montrant, même parmi les jeunes, un de nos plus joyeux camarades.

LE BOULLENGER

Le boulanger que vous voyez ci-dessus est Le Boullenger de la *Lice Chansonnière* dont il est le joyeux Président depuis deux ans et pour la dixième fois peut-être. Quand il vient parmi nous, grâce à des procédés qui lui sont tout à fait personnels, il laisse chez lui les années qu'il comptait avant 1848, et nous apparaît jeune et plein d'entrain. Vous trouverez plus loin le tableau de la journée du 20 Août, qu'il a tracé en quatrains brillants de verve, et où chacun de nous a une petite part de la pommade de l'amitié; — en fait d'amitié, du reste, il n'a point affaire à des ingrats. — Le Boullenger fait partie de la *Lice Chansonnière* depuis bien longtemps, et il en a orné les recueils d'une foule de chansons badines et philosophiques. Il traite aussi avec succès les sujets les plus sérieux. Sa chanson *Le Laboureur*, que contient ce petit volume, est certainement l'œuvre d'un penseur.

LECONTE

Alfred Leconte, que vous voyez ici en train de propager le journal *La Chanson Française*, n'a pu, malgré son grand désir, assister à notre petite fête de Pomponne-les-Bois ; mais, comme sa gaieté ne pouvait que donner encore plus de charme à cette joyeuse journée, nous avons voulu que son portrait figurât parmi les nôtres. *La Chanson Française* est un des grands bonheurs de sa vie, et il n'est pas de nuit qu'il n'en rêve ; aussi bénit-il (civilement) les abonnés qui viennent chaque semaine grossir le tirage de cette feuille chère à tous les amis de la vraie chanson et assurer son succès. Leconte est membre du *Caveau* et de la *Lice Chansonnière*. *Les Haricots de Prince*, le *Vin d'Issoudun*, *les Républicains de carton*, telles sont ses chansons pleines d'entrain et de philosophie joyeuse. Comme signes particuliers, Leconte, à table, ne mange guère, boit encore moins, mais découpe impitoyablement volailles, gigots et autres pièces de résistance avec une aisance et une agilité prodigieuses. Il a de plus une splendide voix de ténor et compose presque tous les airs de ses chansons.

RUBOIS

Ce portrait est probablement un de ceux qui doivent le plus intriguer le lecteur. Il représente Rubois et son parapluie, encore sous le coup d'une mésaventure qui leur arriva dernièrement au bois de Vincennes. Rubois, ce pauvre garçon, s'étant promené quelques heures, se sentit pris de lassitude, et, l'herbe tendre l'y invitant, il se débarrassa des bottines qu'il étrennait ce jour-là pour 25, 26 ou 27 fr. 50 (air trop connu), s'étendit dans l'endroit qui lui parut le plus moelleux et s'endormit bientôt d'un sommeil de chansonnier. Quelque jeunesse mal avisée venant à passer par là fut frappée de la blancheur presque immaculée des semelles des susdites bottines, et, pensant ne jamais rencontrer une plus belle occasion de pratiquer le libre échange, chaussa prestement le 44 neuf de Rubois (car, il faut bien l'avouer, il chausse du 44), et lui laissa, exactement à la même place, une paire de 35 éculée. A son réveil, Rubois vociféra pendant 45 minutes, mais les échos restant muets, il finit par regagner pieds nus son domicile, tenant d'une main les pièces à conviction et de l'autre son parapluie, qu'il se félicitait de posséder encore. Peu à peu sa bonne humeur reprit le dessus, au point qu'il rentra chez lui en fredonnant : *Faites des Enfants*, une de ses chansons qui passera à la postérité. Rubois est membre du *Caveau* et de la *Lice Chansonnière*.

RYON

Voici le capitaine Cupidon, ses armes et ses inévitables ailes. De son nom patronymique il se nomme Ryon et de plus Hippolyte. Si notre dessinateur l'a travesti ainsi, c'est qu'il est jeune, galant et *blond*, ce qui est indispensable pour porter un tel costume, et qu'il nous a chanté à Pomponne-les-Bois *Le Capitaine Cupidon*, une petite chanson régence qui, de par son sujet éternel et sa facture aisée et gracieuse, sera chantée par tous les amoureux de France et de Navarre. Ryon en a fait bien d'autres, c'est un de nos chansonniers les plus féconds, et le public fait toujours le meilleur accueil à ses productions sentimentales : *C'était ma mie, — le Jour de l'an du Pauvre, — le Cimetière du village, — le Vice et l'Amour, — les Vieilles, — le Berceau vide, — le Médaillon brisé, — les Mémoires d'une Rose,* — et tant d'autres, ont été et sont encore de véritables succès. — Ryon a été Président de la *Lice Chansonnière*, sa voix est douce comme ses vers et son regard, et quand il lance la ballade amoureuse, cachez vos beaux yeux derrière vos éventails, Mesdames, et gare au capitaine Cupidon !

EN ROUTE POUR POMPONNE!

INVITATION

Air du **Curé de Pomponne**

CLÉ DU CAVEAU : n°. 175

EN ROUTE POUR POMPONNE !

INVITATION

Air du **Curé** de **Pomponne**

CLÉ DU CAVEAU : N° 745

Pour chasser les soucis, l'ennui,
    Tyrans de la semaine,
Puisque c'est dimanche aujourd'hui,
    Jour où l'on se promène,
Ouvriers, bourgeois ou commis
    Dont la muse chansonne,
Mettons-nous vite, mes amis,
    En route pour Pomponne.

Sachons ce matin abréger
    Nos apprêts de toilette ;
Un costume simple et léger :
    Voilà notre étiquette.
Oui, le Sans-Gêne, ce bon roi
    A l'allure luronne,
Se connaît mieux que *Dusautoy*
    Aux modes de Pomponne.

C'est bien à Pomponne-les-Bois,
    Paradis de verdure,
Que nos chants mâles et grivois
    Riront de la Censure.
Pour nous inspirer en ces lieux,
    La légende friponne
Nous redira de nos aïeux
    Le Curé de Pomponne.

Au lieu de ce bruit discordant
  Que notre Capitale
Sait prodiguer à l'imprudent
  Qui chez elle s'installe,
L'oiseau qui gazouille au matin,
  La feuille qui frissonne,
Sont les voix du concert divin
  Qu'on entend à Pomponne.

Puis, dans un modeste banquet
  Où la gaîté prend place,
Que de son plus joyeux couplet
  Chacun se mette en chasse !
On peut bien si le vin est bon,
  (Que Dieu nous le pardonne !)
Se payer plumet et pompon
  Quand on est à Pomponne.

Enfin, gardant bon souvenir
  De cette douce fête,
Un jour nous verra revenir
  Dans cette humble cachette.
L'âme joyeuse, puissions-nous,
  Sans qu'il manque personne,
Dans un an nous retrouver tous
  Au pays de Pomponne !

Jules ÉCHALIÉ,
Membre du *Caveau* et de la *Lice Chansonnière*.

A mon ami Julès ÉCHALIÉ

A POMPONNE!

Air du **Curé de Pomponne**
CLÉ DU CAVEAU : N° 745

A Pomponne, sois-en certain,
 Avec ma pauvre Muse,
Tu verras dimanche matin
 Comme un rimeur s'amuse.
Déjà, j'entends en tapinois.
 Une troupe mignonne
Qui mêle ses chants à nos voix
 Dans les bois de Pomponne.

A Pomponne, nom si coquet
 Qu'il semble une caresse,
On pourra cueillir un bouquet,
 Emblême de tendresse.
Et l'Amour, fidèle échanson,
 Sortira de la tonne
Pour inspirer une chanson
 Aux hôtes de Pomponne.

A Pomponne, il fait bon jaser.
 Dans une douce fièvre,
Comme Alain (1), on croit qu'un baiser
 Vous effleure la lèvre...
On voit dans un rêve divin
 Apollon qui festonne,
Et Panard qui verse du vin
 Au curé de Pomponne.

(1) Alain Chartier.

A Pomponne, il fera beau voir
Ce convoi de trouvères
Qui chanteront jusques au soir
En remplissant leurs verres.
Les échos garderont longtemps
Leur faconde gasconne ;
Baillet vivrait plus de cent ans
S'il habitait Pomponne.

A Pomponne où feu Rabelais
Aurait placé sa cure,
Avec des chants, des gobelets,
On fait bonne figure.
Quand il faudra s'en revenir,
— A l'arbre qui frissonne —
Nous laisserons pour souvenir
Ces couplets à Pomponne.

A Pomponne on devrait rester.
Le temps passe si vite...
Hélas ! faut-il donc déserter
Notre frais et bon gîte ?
Mais, voyez comme l'on est pris
Par l'amitié friponne :
Mes jambes s'en vont à Paris,
Mon cœur reste à Pomponne !

Hippolyte RYON,

Membre de la *Lice Chansonnière.*

A mon cher camarade et collègue ÉCHALIÉ

TU PEUX COMPTER SUR MOI

Air : **C'est le Roi Dagobert**
CLÉ DU CAVEAU : 209

Mon cher Échalié,
Bien qu'au jour dit j'étais lié,
A ton rendez-vous
(Soit dit entre nous)
J'irai — mais Lagny
Est bien loin d'ici.....
Bref, les amis et toi
Vous pouvez donc compter sur moi.

Violentant mes goûts,
J'irai — plus pour être avec vous,
Pour rire, chanter,
Que pour banqueter;
Voir à son réveil
Lever le Soleil.....
Malgré mon désarroi
J'irai. Tu peux compter sur moi.

Mais, j'y songe, Lagny
Est limitrophe de Bondy.
Tropmann, une nuit
Occit six à huit
Personnes de bien.....
J'en frémis.... Eh bien,
Oui !.... malgré mon effroi,
J'irai. Tu peux compter sur moi.

J'irai. Mais au départ,
Quand j'aurai passé le rempart,
  Moi, Parisien
  Qui s'émeut d'un rien,
  Je crains d'être pris
  Du mal du pays.....
Bast !... malgré mon émoi,
J'irai. Tu peux compter sur moi.

Pour cette occasion
J'irai, mon cher amphitryon;
  Mais il faut songer
  A me ramener
  (Fût-ce même gris)
  Dans mon vieux Paris.
Retiens donc un convoi,
Sinon, ne compte pas sur moi.

HENRY-RUBOIS,

Membre du *Caveau* et de la *Lice Chansonnière.*

A mon ami Jules ÉCHALIÉ

———

LA LICE A POMPONNE

Musique de l'Auteur des paroles

A ce banquet champêtre
Nous voyons réunis
Bacchus, les Jeux, les Ris,
Et l'Amour, notre maître.
Que nos cœurs soient contents !
La *Lice Chansonnière*
Fait faire à ses enfants
L'école buissonnière.

Quand nous nous unissons,
Francs amis de la *Lice*,
Faisons que tout finísse
   Par des chansons !

La riante nature
Pour nous étale exprès
Ses bouquets les plus frais
De fleurs et de verdure.
Accompagnant nos voix,
Les pinsons, les fauvettes,
Font ressembler ces bois
A d'aimables goguettes. .

Quand nous nous unissons,
Francs amis de la *Lice*,
Faisons que tout finisse.
   Par des chansons !

Un chansonnier bon drille,
Jadis, a célébré
Pomponne et son curé
Confessant une fille.

Comme ce bon pasteur
Lutinons la fillette,
Et buvons la liqueur...
Ailleurs qu'à la Salette.

Quand nous nous unissons,
Francs amis de la *Lice*,
Faisons que tout finisse
 Par des chansons!

Sur les maux de la vie
Pourquoi toujours gémir?
Un moment de plaisir,
Et vite on les oublie.
Sous nos plus gais refrains,
Noyons, joyeux trouvères,
Le reste de chagrins
Échappé de nos verres.

Quand nous nous unissons,
Francs amis de la *Lice*,
Faisons que tout finisse
 Par des chansons!

Bientôt pour la grand'ville
Il nous faudra partir;
Gardons bon souvenir
De ce riant asile.
Que le prochain été
Encor nous y rassemble :
Amis, bon vin, gaîté,
Riment si bien ensemble.

Quand nous nous unissons,
Francs amis de la *Lice*,
Faisons que tout finisse
 Par des chansons!

Ernest **CHEBROUX,**

Secrétaire de la *Lice Chansonnière.*

A Monsieur Jules ÉCHALIÉ

LA MAISON DE POMPONNE

Air de l'Auteur des paroles

L'auteur de *La Cage et l'Oiseau*
A ses amis donne une fête ;
Avec la *Lice* et le *Cuveau*
Tout simplement sa liste est faite !
Et qu'à la joie on s'abandonne !
Pour rendre aimable sa maison,
    Sa Maison de Pomponne,
    C'est à lui le pompon !

Dites-moi ceux que vous aimez,
Je vous dirai ce que vous êtes :
Autour du festin vous formez
Une ceinture de Poètes.
Ainsi qu'au Parnasse, on chansonne !
Pour changer en sacré vallon
    Sa Maison de Pomponne,
    C'est à lui le pompon !

Tout ce qu'ils disent vient d'en haut
Comme il en vient toute lumière ;
Mais ici l'on sent qu'il ne faut
Pas traiter de sujet sévère.
Avec esprit on déraisonne ;
Pour emplir de bruit, de flonflon,
    Sa Maison de Pomponne,
    Ils ont tous le pompon !

On se dira dans cinq cents ans,
Parlant de votre compagnie :
« Ici venait au bon vieux temps
« Rire la vraie Académie.
« C'est qu'ils avaient ce que Dieu donne !
« Puisqu'elle en garde un tel renom,
　　« La Maison de Pomponne,
　　« Ils avaient le pompon ! »

Joseph **PÉTRÉAUX**.

A mon camarade et ami ÉCHALIÉ, qui m'avait
invité à une réunion de Chansonniers à laquélle
la femme de chacun de nous était conviée.

SONNET

(RÉPONSE)

De joyeux chansonniers quand je vois une fête,
J'aime de leurs chansons les couplets amoureux;
Leur gaîté réjouit et mon cœur et ma tête,
Leur verve m'inspirant je chansonne comme eux.

Qu'à la ville ou qu'aux champs une fête s'apprête,
Chansonniers, vos refrains seront bien plus joyeux
Si la femme y prend part; et, sans rêver conquête,
Pour la trouver partout je fais les plus doux vœux.

Oui, Mesdames, toujours j'admire en vous la grâce,
Et quand. par un souris qui sur vos lèvres passe,
La chanson dans vos traits sème la volupté,

Je vous aime bien plus; alors, je me figure
Voir en vous de Vénus les traits ou la tournure,
Car toutes vous avez des grains de sa beauté!

Alfred LECONTE,

Membre du *Caveau* et de la *Lice Chansonnière.*

SIXAIN

(RÉPONSE)

Mon cher Baillet, le guignon me cramponne
Et de mon temps dispose en dur vainqueur !
Allez sans moi, sous le ciel de Pomponne,
Fêter la Muse et la dive liqueur ;
Mais avec vous, s'il faut que je caponne,
Croyez au moins que je serai de cœur.

Paul CHOCQUE.

QUATRAINS

SUR UN REFRAIN DONNÉ

Air : **Encore un quart'ron, Claudine**
CLÉ DU CAVEAU, N° 175

Une cure bouffonne
Fut celle de Meudon ;
Une aussi folichonne
Illustra ce canton.

    A toi le pompon,
      Pomponne,
    A toi le pompon !

Ce sol, je le soupçonne,
A plus d'un rejeton
De la belle friponne
Qui fit péché mignon.

    A toi le pompon,
      Pomponne,
    A toi le pompon !

Le tremble qui frissonne,
La mousse qui sent bon,
De la vive luronne
Ont touché le jupon.

    A toi le pompon,
      Pomponne,
    A toi le pompon !

En homme qui raisonne,
Un joyeux compagnon
Mit là buffet et tonne
Dans gentille maison.

A lui le pompon,
Pomponne,
A lui le pompon!

Puis charmille octogone
Pour fastueux salon;
Table rustique et bonne
Où vingt tiennent en rond.

A lui le pompon,
Pomponne,
A lui le pompon!

Porthos, à mine bonne,
A l'œil doux et profond,
Inspectant ma personne,
Me débarbouille à fond.

A lui le pompon,
Pomponne,
A lui le pompon!

Mais chut! Marcel bougonne
D'user son collodion;
On bouge!... il s'en étonne :
La faute est au flacon.

A lui le pompon,
Pomponne,
A lui le pompon!

Échalié qui chansonne
(Le fils du gai patron)
Par goût affectionne
Les amis du flonflon.

   A lui le pompon,
         Pomponne,
   A lui le pompon!

Aussi Jeannin pictonne
En fervent biberon;
Sa voix suave entonne
Romance de bon ton.

   A lui le pompon,
         Pomponne,
   A lui le pompon!

Tiens! Rubois se couronne
Pour gravir l'Hélicon;
Comme la course est bonne,
Il a son paragon.

   A lui le pompon,
         Pomponne,
   A lui le pompon!

Là-bas, Chebroux griffonne;
Son papier est bien long...
Qui s'en plaindra?... Personne
S'il rime une chanson.

   A lui le pompon,
         Pomponne,
   A lui le pompon!

Dubois lime et façonne
Bambous, *Cave* et *Maison;*
Sa muse bûcheronne
Taille un fin *Chaperon.*

A lui le pompon,
Pomponne,
A lui le pompon!

Landragin barytonne
Son doudou mirliton;
Il n'assomme personne :
L'esprit est son bâton.

A lui le pompon,
Pomponne,
A lui le pompon!

A Ryon je m'abonne,
Encor, toujours Ryon,
Même quand il sermonne
Le petit Cupidon,

A lui le pompon,
Pomponne,
A lui le pompon!

De Baillet la voix tonne.
Creux splendide et profond
Prouve poitrine bonne :
Un grand cœur est au fond.

A lui le pompon,
Pomponne,
A lui le pompon!

Le Boullenger s'en donne,
Ainsi que son mitron ;
Sa mie est douce et bonne,
Tendre et blanche de ton.

    A lui le pompon,
        Pomponne,
    A lui le pompon !

Mais l'artificier tonne !
Gare au divin plafond !
L'étoile qui rayonne
Va choir sur le gazon.

    A lui le pompon,
        Pomponne,
    A lui le pompon !

Allons, Muse mignonne,
Vite un joyeux Tenson ;
Tresse gente couronne
Aux Dames du Donjon

    Plutôt qu'un pompon,
        Pomponne,
    Plutôt qu'un pompon !

Mais, hélas ! je frissonne :
« En route ! » nous dit-on.
Quoi ! déjà l'heure sonne
Du coup de l'éperon ?

    Adieu, gai pompon,
        Pomponne,
    Adieu, gai pompon !

LE BOULLENGER,
Président de la *Lice Chansonnière.*

Amis, qu'on me pardonne !
Ma Muse en pamoison
Veut que je vous fredonne
Ce refrain folichon :

A toi le pompon,
Pomponne,
A toi le pompon !

De Vienne à Barcelone,
De Paris à Canton,
Il n'est pas, je soupçonne,
D'aussi joli canton.

A toi le pompon,
Pomponne,
A toi le pompon !

Tout sourit et rayonne,
Et l'œil à l'horizon
Voit comme une couronne
De fleurs et de gazon.

A toi le pompon,
Pomponne,
A toi le pompon !

Je vois forêt mignonne;
Une église est au fond;
Son style un peu m'étonne :
Elle semble en carton!

A toi le pompon,
    Pomponne,
A toi le pompon!

Dans ce pays personne
N'est soucieux, dit-on ;
Parbleu! l'on n'y sermonne
Qu'à grands coups de chanson!

A toi le pompon,
    Pomponne,
A toi le pompon!

De notre cicérone
J'aperçois la maison;
Tout ce qui l'environne
En fait un Trianon.

A toi le pompon,
    Pomponne,
A toi le pompon!

Du dîner l'heure sonne :
On sable le picton,
Au point qu'on déboutonne
Jusqu'au dernier bouton.

A toi le pompon,
    Pomponne,
A toi le pompon!

En ces lieux tout foisonne :
Gens, mets, vins, tout est bon.
Ici, moi, je m'abonne
Pour passer la saison.

A toi le pompon,
Pomponne,
A toi le pompon !

Enfin, mauvaise ou bonne,
Je clos cette chanson
Qu'en souvenir je donne
A notre amphitryon.

A toi le pompon,
Pomponne,
A toi le pompon !

Ernest CHEBROUX,

Secrétaire de la *Lice Chansonnière.*

A Pomponne on chansonne
Sans rechercher le ton,
Et l'amitié s'y donne
Un joyeux abandon.

A toi le pompon,
Pomponne,
A toi le pompon !

Le déjeuner commence
Sous le bosquet fleuri ;
Chebroux d'un coq-à-l'âne
Arrose le pâté.

A toi le pompon,
Pomponne,
A toi le pompon !

Rubois nous dit en prose
Un conte à faire peur ;
Et d'un éclat de rire
On couvre le récit.

A toi le pompon,
Pomponne,
A toi le pompon !

Les femmes sont aimables,
Les hommes sont joyeux,
Et c'est au choc des verres
Que volent les refrains.

A toi le pompon,
Pomponne,
A toi le pompon !

Un bouquet d'artifice
S'élance dans les airs :
L'esprit, les chants, la bombe,
Tout éclate à la fois.

A toi le pompon,
Pomponne,
A toi le pompon !

Mais le train nous appelle;
Hélas!... il faut partir!
J'aurais passé ma vie
Dans ce charmant séjour.

A toi le pompon,
Pomponne,
A toi le pompon!

Un convive à la gare
A perdu son chapeau....
Non! c'est Jeannin qui cherche
Son billet de retour.

A toi le pompon,
Pomponne,
A toi le pompon!

Et pour rimer en onne
Je conclus sans façon :
Le Curé de Pomponne
Était un polisson.

A toi le pompon,
Pomponne,
A toi le pompon!

Joseph LANDRAGIN,

Membre de la *Lice Chansonnière.*

Je croyais que Pomponne
N'existait qu'en carton;
L'esprit y folichonne
Tout comme à Charenton.

A toi le pompon,
Pomponne,
A toi le pompon!

A la gare en personne,
Échalié dit : « Cré nom!
« En marche! l'on nous sonne!
« Voici votre coupon. »

A toi le pompon,
Pomponne,
A toi le pompon!

Le train part.... on entonne
En chœur un vieux flonflon,
On débarque en colonne :
Ça n'a pas semblé long.

A toi le pompon,
Pomponne,
A toi le pompon!

Pomponne! la friponne,
Nous offre une maison
Où sans compter l'on donne
Le plaisir à foison.

A toi le pompon,
Pomponne,
A toi le pompon!

On boit, on mange.... il tonne!
Jeannin perd la raison
Et, pendant qu'on chansonne,
Consulte l'horizon.

A toi le pompon,
Pomponne,
A toi le pompon!

Aux dames la couronne!
Pour leur réception
Charmante, aimable et bonne,
Pleine d'affection.

A toi le pompon,
Pomponne,
A toi le pompon!

Mais Marcel nous ordonne
D'aller sur le gazon
Nous grouper... on frissonne :
Ah! quelle trahison!

A toi le pompon,
Pomponne,
A toi le pompon!

L'étoile au ciel rayonne.
Un feu part : Pif! paf! — bon!
Et, pendant qu'il détonne,
Chebroux joue au démon.

A toi le pompon,
    Pomponne,
A toi le pompon!

Las! l'heure nous talonne.
On s'en va pour de bon!
Et rentré, je griffonne
Ces vers de mirliton.

A toi le pompon,
    Pomponne,
A toi le pompon!

Hippolyte **RYON**,
Membre de la *Lice Chansonnière*.

Gais, d'humeur folichonne,
Neuf servants d'Apollon,
Près de quitter Pomponne,
Entonnent ce flonflon :

A toi le pompon,
    Pomponne,
A toi le pompon!

Pour la fête qu'il donne
Notre hôte (ô déraison!)
Aux amis abandonne
Pour un jour sa maison.

A toi le pompon,
Pomponne,
A toi le pompon!

Pour avoir *à la bonne*,
Et sans restriction,
De tous : maîtres, chien, bonne,
Franche réception,

A toi le pompon,
Pomponne,
A toi le pompon!

Du doux jus de l'automne
Pour y boire à foison
A neuf presque une tonne
Sans perdre la raison,

A toi le pompon,
Pomponne,
A toi le pompon!

Non loin de Babylone,
Pour y vivre en veston,
Sans curé qui sermonne,
Sans gendarmes, dit-on,

A toi le pompon,
Pomponne,
A toi le pompon!

Pour s'y voir, — j'en frissonne, —
Traîner, sans lumignon,
Par des *rosses* qu'ép'ronne
En vain le maquignon,

A toi le pompon,
Pomponne,
A toi le pompon !

Bref, à la gare sonne
L'heure ; — arrivera-t-on ?
On arrive.... et personne
Ne manque au peloton.

A toi le pompon,
Pomponne,
A toi le pompon !

Las, aucun (ça m'étonne)
Ne chante plus. Pardon !
Seul, Jeannin qui festonne,
Murmure en faux-bourdon :

À toi le pompon,
Pomponne,
A toi le pompon !

HENRY-RUBOIS,

Membre du *Caveau* et de la *Lice Chansonnière.*

Chers patron et patronne
De cett' gentill' maison,
Permettez qu' je fredonne
A votre intention :

    A toi le pompon,
       Pomponne,
    A toi le pompon!

Qu'ici la vie est bonne!
L'agréable canton!
Pour les dons de Pomone...
Et le gigot d' mouton,

    A toi le pompon,
       Pomponne,
    A toi le pompon!

Jamais, — qu'on m'en pardonne
La franch' déclaration, —
Je né vis chez personne
Si gracieux gueul'ton.

    A toi le pompon,
       Pomponne,
    A toi le pompon!

Pas d' craint' qu'on nous rationne :
L' vin coule à profusion !
La victuaille foisonne...
Y en a donc un wagon ?

A toi le pompon,
Pomponne,
A toi le pompon !

Si peu que j' m'additionne
De mangeaille et d' piqu'ton,
Mon ventre, qui ballonne,
Va r'joindre mon menton !

A toi le pompon,
Pomponne,
A toi le pompon !

Faut qu' Momus m'affectionne :
Sans aucun' restriction,
Le group' qui m'environne
Raffol' de la chanson.

A toi le pompon,
Pomponne,
A toi le pompon !

L' feu d'artific' détonne...
A c'tt' illumination
Lagny, qui s'émotionne,
Suppos' not' combustion !

A toi le pompon,
Pomponne,
A toi le pompon !

Localité mignonne,
Tu rest'ras ma passion.
A moins qu'on n' me baillonne,
Toujours j' dirai : Cré nom!

   A toi le pompon,
     Pomponne,
   A toi le pompon!

Tu n'as guère *à la bonne*
Messieurs du goupillon...
Ton église embryonne
N' s'rait-ell' pas en carton?

   A toi le pompon,
     Pomponne,
   A toi le pompon!

Au psaume monotone
— Narguant l' qu'en dira-t-on, —
Tu préfèr's, folichonne,
Un solo d' mirliton.

   A toi le pompon,
     Pomponne,
   A toi le pompon!

Dans tes bois, où frissonne
Un parfumé gazon,
— Discrèt'ment je l' soupçonne —
Pour fêter Cupidon...

   A toi le pompon,
     Pomponne,
   A toi le pompon!

Si Plutus — que j' talonne —
M'accord' sa protection,
Je prétends de Pomponne
Me payer un' portion.

    A toi le pompon,
       Pomponne,
    A toi le pompon !

Qu'il rie ou qu'il bougonne
D' mon élucubration,
Je fais serment que j' donne
A notre amphitryon

    A toi le pompon,
     · Pomponne,
    A toi le pompon !

Et tout c' que j'ambitionne
Comm' gratification,
C'est qu' chacun s'époumonne
A r'dire à l'unisson :

    A toi le pompon,
       Pomponne,
    A toi le pompon !

Jules JEANNIN,

Archiviste, Maître des Chants de la *Lice Chansonnière*.

Puisqu'il faut qu'on fredonne
Quelques vers sans façon,
Allons, Muse, ma bonne,
Chantons à l'unisson :

A toi le pompon,
Pomponne,
A toi le pompon !

Le curé de Pomponne
A chiffonné, dit-on,
Jadis, Dieu me pardonne,
Plus d'un minois fripon...

A toi le pompon,
Pomponne,
A toi le pompon !

« Enfants, j'ai l'âme bonne, »
Disait ce céladon,
« Si parfois je sermonne,
« J'aime le cotillon. »

A toi le pompon,
Pomponne,
A toi le pompon !

Qu'ils sont beaux, en automne,
Ces grands bois, ce vallon,
Où la feuille frissonne,
Où chante le grillon!

A toi le pompon,
Pomponne,
A toi le pompon!

Qu'il pleuve, vente ou tonne,
Dans ce charmant canton,
Quand la *Lice* y chansonne,
Qu'importe la saison?

A toi le pompon,
Pomponne,
A toi le pompon!

Ami, de ma personne,
Reçois cette chanson,
Où ma muse détonne
Et chante en faux-bourdon :

A toi le pompon,
Pomponne,
A toi le pompon!

Ernest DUBOIS,

Membre de la *Lice Chansonnière.*

Quand l'amitié te donne
Le refrain et le ton,
Ma muse, allons fredonne
Ta petite chanson :

A toi le pompon,
Pomponne,
A toi le pompon !

Pour escompter l'automne,
Pour boire à plein bidon
Le vin joyeux qui donne'
Gaîté sans déraison,

A toi le pompon,
Pomponne,
A toi le pompon !

Ici quand on sermonne,
On préfère, dit-on,
Aux gens de la Sorbonne
Le curé de Meudon.

A toi le pompon,
Pomponne,
A toi le pompon !

Pour faire longue et bonne,
Moi, dans cette maison,
Je veux qu'on m'emprisonne
Trois mois chaque saison.

A toi le pompon,
Pomponne,
A toi le pompon !

Du départ l'heure sonne,
Adieu ! fleurs et gazon !...
Sur la route on entonne
Pour dernière chanson :

A toi le pompon,
Pomponne,
A toi le pompon !

Eugène BAILLET,

Membre de la *Lice Chansonnière.*

Quand ma muse friponne
Emmène sans façon
La *Lice* qui chansonne
Dans ton joyeux canton,

A toi le pompon,
Pomponne,
A toi le pompon !

Lorsqu'à la folichonne
Tu verses à foison
Les plaisirs que Dieu donne
Aux fervents d'Apollon,

    A toi le pompon,
      Pomponne,
    A toi le pompon !

Heureuse est la patronne
Et fier est le patron
De l'essaim qui fredonne
Dans leur petit donjon.

    A toi le pompon,
      Pomponne,
    A toi le pompon !

L'un choisit et moissonne
Fleur éclose ou bouton,
Dont il encapuchonne
Un gentil chaperon.

    A toi le pompon,
      Pomponne,
    A toi le pompon !

L'autre, en fouillant, rançonne
Un épineux buisson,
Et gaîment se façonne
Canne à pêche ou bâton.

    A toi le pompon,
      Pomponne,
    A toi le pompon !

Quand chacun papillonne
Dans ton riant vallon,
L'appétit assaisonne
Quelque maigre chapon.

> A toi le pompon,
>   Pomponne,
> A toi le pompon !

D'une fraîche couronne
De fleurs et de gazon
Tu sais parer la tonne
Du clairet bourguignon.

> A toi le pompon,
>   Pomponne,
> A toi le pompon !

De plus je te soupçonne
De rendre polisson,
Quand l'heur' de la soup' sonne,
Le plus triste garçon.

> A toi le pompon,
>   Pomponne,
> A toi le pompon !

Mais la gaîté rayonne
Et tu donnes le ton,
Pour que chacun entonne
Une fine chanson.

> A toi le pompon,
>   Pomponne,
> A toi le pompon !

Puis, sans qu'on déraisonne,
On lance à l'unisson
La gaudriole bonne
Et le calembour bon.

A toi le pompon,
Pomponne,
A toi le pompon!

Mais, plaintif, monotone,
Quelque lointain bourdon
Sans pitié carillonne
L'heure de l'abandon.

A toi le pompon,
Pomponnne,
A toi le pompon!

Alors chacun bougonne...
Mais jure, avec raison,
Qu'à Pomponne, il s'abonne
Un jour chaque saison!

A toi le pompon,
Pomponne,
A toi le pompon!

Jules ÉCHALIÉ,

Membre du *Caveau* et de la *Lice Chansonnière*.

C'EST TOUJOURS UNE CONSOLATION

Air : **Les anguilles, les jeunes filles** (CARAFA)

Messieurs, faut vous dir' que j' m'embête...
Vous l' savez, rimer est mon tic :
Je rêvais un' fin' chansonnette,
Et j'accouch' d'un épais mastic !
Mais un partisan d' mes fadaises
M'affirm' que dans ma collection
J'ai des chos's beaucoup plus mauvaises :
C'est toujours un' consolation.

J'allais faire un gros héritage,
Lorsqu'à l'aide d' certain micmac
Mes parents m' ratiss'nt mon partage,
Et tel qu'avant me v'là sans l' sac.
Du moins j' peux dir' que d' ma famille
— Dev'nu' tout d' go riche à million —
Je suis l' seul qui train' la guenille :
C'est toujours un' consolation.

Les maris sont d'humeur jalouse,
Facil'ment ça peut s' concevoir :
Rare est l' possesseur d'une épouse
Qui jamais n'a raté son d'voir.
La femm' de mon copain Étienne
S' pai' des amants à profusion...
J' n'en soupçonn' que deux à la mienne :
C'est toujours un' consolation.

D' six mois d' prison, pour délit d' presse,
J' dois subir la pein', quoiqu'à tort;
A m' claqu'murer j' montrais peu d' presse...
Mais le parquet qui n' perd pas l' nord,
M'invite d'un' façon civile
A purger ma condamnation.
J'allais m' trouver sans domicile :
C'est toujours un' consolation.

Dans un' guerre dont — je l' suppose —
Se souviendra le monde entier,
Des homm's — sans en comprendr' la cause —
Vont mutuell'ment s'escarbouiller...
La prévoyant' Philanthropie
Confectionne à leur intention
Cent mill' kilogramm's de charpie :
C'est toujours un' consolation.

Amoureux d'un' franch' République,
D' l'Égalité prônant l' niveau,
J'os' croir' qu'un r'gret patriotique
S'exhalera sur mon tombeau;
En attendant qu' de c' pleur mortuaire
Mon enterr'ment soit l'occasion,
J' viens d' celui d'un réactionnaire :
C'est toujours un' consolation.

N'abandonner qu'un fragment d' patte
Où l'on pouvait se casser l' cou,
Apprendre qu'un ami vous flatte
Bien qu' vous soyez bêt' comme un chou;
L' dimanche, abusant d' sa bedaine,
Étouffer d'une indigestion,
Quand on a jeûné tout' la semaine,
C'est toujours un' consolation.

Sur ce sujet, m' trouvant en verve,
Jusqu'à d'main j'irais volontiers.
Épouvanté, chacun m'observe
Et s'apprête à s' tirer des pieds...
J' projetais neuf couplets tout d' même,
Mais, à bout d'imagination,
Je vous tiens quittes au huitième :
C'est toujours un' consolation.

Jules JEANNIN,

Archiviste, Maître des Chants de la *Lice Chansonnière.*

A Madame Aimée FAU

PREMIERS CHAGRINS

Musique de Jules ÉCHALIÉ

Petite Jeanne, de vos yeux,
Reflets de votre âme naïve,
Coulent des pleurs silencieux...
Quel nouveau chagrin vous arrive?
— C'est votre enfant, me dites-vous,
Élégante et fraîche poupée,
Que le petit frère, en courroux,
A, dans l'eau, méchamment trempée.
Eh quoi! vraiment, quelques satins
Valent-ils tant de pleurs, d'alarmes?
Pour de plus gros chagrins,
Jeanne, gardez vos larmes.

N'attristez pas votre printemps
Si beau, si pur à son aurore;
Hélas! l'enfance n'a qu'un temps!
Mais quoi! qui vous chagrine encore?
— Ce sont vos oiseaux, dites-vous,
Chantres joyeux de la vallée,
Qui, trompant de légers verrous,
Vers les champs ont pris leur volée.
Eh quoi! vraiment, quelques serins
Valent-ils tant de pleurs, d'alarmes?
Pour de plus gros chagrins,
Jeanne, gardez vos larmes.

Bleus comme des myosotis,
Vos grands yeux, faits pour le sourire,
Ce matin encor sont rougis;
Ma pauvre enfant, c'est du délire!
— C'est grand'mère, me dites-vous,
Qui, lasse de votre tapage,
Vient de confisquer vos joujoux;
Joujoux ne sont plus de votre âge!
Eh quoi! des oiseaux, des pantins,
Valent-ils tant de pleurs, d'alarmes?
    Pour de plus gros chagrins,
    Jeanne, gardez vos larmes.

Mais vous allez avoir seize ans :
Je vous vois à votre toilette
Multiplier fleurs et rubans.
Seriez-vous donc déjà coquette?
Quoi! vous ne me répondez rien;
Votre cœur soupire, et pour cause...
Dans ces soupirs-là je vois bien
Que l'amour est pour quelque chose.
De ce dieu les traits sont malins,
Le fripon aura vu vos charmes...
    Voilà de gros chagrins,
    Jeanne, cachez vos larmes!

Ernest **CHEBROUX**,

Secrétaire de la *Lice Chansonnière*.

FÉLICITÉ

———··∞··———

Air du **Pas redoublé**

CLÉ DU CAVEAU, nº 756

Vous voulez de Félicité
 Connaître un peu la vie;
Je sens qu'aujourd'hui la gaîté
 A ce fait me convie.
Vous allez savoir mot à mot
 Sa véridique histoire;
Mais avant, qu'on apporte un broc!
 Versez-moi donc à boire!

Celui qui goûta le bonheur
 De devenir son père,
Eut bien le centième du cœur
 De Madame sa mère,
Car elle en soupçonna, dit-on,
 A défaut de mémoire,
Un Russe, un Grec, un vieux Dragon...
 — Versez-moi donc à boire! —

Félicité garda quinze ans
 Son nom de demoiselle;
Six mois plus tard, quand trois amants
 S'allaient tuer pour elle :
« Quoi! dit-elle, mourir d'amour?
 « C'est par trop dérisoire.
« Aimez-moi chacun votre tour. »
 — Versez-moi donc à boire! —

Aussitôt le premier pas fait :
    « Bah ! dit la jeune fille,
« Que faire en ce monde imparfait ?
    « Faut-il prendre l'aiguille ?
« A quoi sert d'avoir des vertus,
    « Puisqu'on n'y veut plus croire ?
« Travaillons moins et gagnons plus. »
    — Versez-moi donc à boire ! —

Les vieux richards de son quartier,
    Devenant infidèles,
Ne trouvaient plus à leur foyer
    Que des cris, des querelles.
Certain procureur l'évinça
    D'une affaire un peu noire :
Il avait ses raisons pour ça.
    — Versez-moi donc à boire ! —

Quand la pratique déserta,
    Qu'elle fut sèche et blême,
Pour bonne un curé l'accepta
    Par un temps de carême....
L'Église, en dépit des rieurs,
    Je commence à le croire,
Est le refuge des pêcheurs.
    — Versez-moi donc à boire ! —

Eugène BAILLET,

Membre de la *Lice Chansonnière*.

JE CROIS QUE JE DEVIENS IVROGNE !

Air : **Soldat français, né d'obscurs laboureurs**
CLÉ DU CAVEAU, n° 2219

Quand j'étais jeune, il m'en souvient, hélas !
Être chétif, délicat et débile,
J'aurais, je crois, préféré le trépas
Au meilleur vin..... maintenant comme il file !
Aussi voyez si j'ai bon pied, bon œil :
Je prends du ventre et j'ai rougeaude trogne.
Soit du bordeaux ou soit de l'argenteuil,
Au choix des vins je ne mets nul orgueil :
    Je crois que je deviens ivrogne !

Bons villageois, qu'un labeur incessant
Appelle aux champs que le travail féconde,
Salut à vous, quand l'épi jaunissant,
En gerbes d'or dans vos greniers abonde.
Que je vous aime, épars sur les coteaux,
Quand vendanger devient votre besogne.
Tombez, raisins, et que vos noirs monceaux,
Sous le pressoir, deviennent vins nouveaux !
    Je crois que je deviens ivrogne !

Lison m'attend dans son simple réduit,
Lison dont l'œil si doucement caresse ;
Je dois la voir lorsque viendra la nuit,
Déjà mon cœur bat d'une heureuse ivresse.
En attendant ce moment fortuné,
J'ai là deux doigts d'un excellent bourgogne ;
Ce chaud nectar, sous la comète né,
Ne m'en rendra que plus passionné :
    Je crois que je deviens ivrogne !

Sur une toux, cadeau de cet hiver,
J'ai consulté maint et maint Esculape.
Ils m'ont tous dit : « N'allez pas trop à l'air,
« Mettez de l'eau dans le jus de la grappe. »
O Médecins ! vous êtes des tyrans ;
De l'eau ? jamais ! je le dis sans vergogne ;
Loin de souscrire à vos soins obligeants,
J'aimerais mieux tousser encor.... cent ans !
   Je crois que je deviens ivrogne !

Peu soucieux de vivre en liberté,
Qu'un autre, atteint d'un espoir chimérique,
Rêve d'un trône ou d'une royauté,
Moi, plébéien, j'aime la République.
O République ! à ton règne éternel,
Oui, je boirai comme on boit en Pologne !
Et je voudrais, trop fortuné mortel,
Sur un tonneau t'élever un autel !
   Je crois que je deviens ivrogne !

Ernest DUBOIS,

Membre de la *Lice Chansonnière*.

A mon ami Jules JEANNIN

FAITES DES ENFANTS

Musique de J. Darcier

Vous qui, par vos grâces exquises,
Gouvernez le monde.... au total,
O femmes, premières assises
De l'édifice social,
Par les temps troublés où nous sommes,
Mes belles croqueuses de pommes :
    Faites des enfants !....
    On a besoin d'hommes !
    Voici le printemps....
    Faites des enfants !

Arthémises qu'un long veuvage
Met sur les dents.... il ne faut plus
Bouder cet enivrant breuvage
Que l'Amour verse à ses élus.
Sur le duvet ou sur la mousse,
Aimez !..... si le cœur vous y pousse.
    Faites des enfants !....
    (La besogne est douce)
    Voici le printemps....
    Faites des enfants !

Sous le béguin, l'habit de bure,
Vierges, qui sans cesse priez....
Obéissez à la Nature
Qui dit : Croissez !... multipliez !...
Pour l'aimer, chanter ses louanges,
Le bon Dieu n'a-t-il pas ses anges ?
    Faites des enfants !....
    Brodez-leur des langes ;
    Voici le printemps....
    Faites des enfants !

Patriciennes amoureuses
Qui, sur l'avis des médecins,
A des nourrices plantureuses
Confiez vos petits poussins,
(Doux fruits de vos amours intimes)
Qu'ils soient bâtards ou légitimes :
 Faites des enfants
 Aux cœurs magnanimes !
 Voici le printemps....
 Faites des enfants !

Villageoises aux gorges rondes,
Au teint bronzé par le soleil,
Filles du peuple si fécondes,
Par votre sang chaud et vermeil,
Pour qu'un jour le monde soit libre,
Rétablissez donc l'équilibre :
 Faites des enfants
 Du plus fort calibre !
 Voici le printemps....
 Faites des enfants !

Matrones et gentes pucelles,
Donnez, chacune à votre tour,
Vous, les dernières étincelles,
Vous, les prémices de l'amour.
Puisque l'homme aux instincts cupides,
S'épuise en luttes fratricides :
 Faites des enfants
 Pour combler les vides !
 Voici le printemps....
 Faites des enfants !

HENRY-RUBOIS,

Membre du *Caveau* et de la *Lice Chansonnière.*

CONSEIL BACHIQUE

Air : **Le bon vin, la franche gaité**, (LAURANT.)

Mes amis, vite un gai refrain !
La Folie
Sait charmer la vie.
On se rit des coups du Destin
En cachant sous des fleurs les ronces du chemin.

En ces lieux élevons un temple ;
Aux mortels donnons pour exemple
Le tendre accord de desservants
Méprisant de vains ornements.
Une coupe suffit, je pense,
Pour goûter tous les vins de France,
Et la table où l'on rit le mieux
N'est pas celle où l'on voit des cristaux somptueux.

Mes amis, vite un gai refrain !
La Folie
Sait charmer la vie.
On se rit des coups du Destin
En cachant sous des fleurs les ronces du chemin.

De Panard, aux sages préceptes,
Montrons-nous les fervents adeptes :
Éloignons le dernier flacon
Où se perdrait notre raison.
Pour juger le vin qu'on débouche,
Il faut main sûre et fraîche bouche ;

Il ne peut être dégusté.
Si l'imprudent buveur est en ébriété.
Mes amis, vite un gai refrain !
La Folie
Sait charmer la vie.
On se rit des coups du Destin
En cachant sous des fleurs les ronces du chemin.

La Vigne est d'humeur familière
Et procède comme le lierre ;
D'un voisin recherchant l'appui,
Elle grimpe et jase avec lui.
Du gai buveur elle est l'emblème :
Ainsi qu'elle, il s'attache, il aime ;
Le vin ne lui plaît qu'à demi,
S'il n'a pas pour causer un franc et vieil ami.
Mes amis, vite un gai refrain !
La Folie
Sait charmer la vie.
On se rit des coups du Destin
En cachant sous des fleurs les ronces du chemin.

Frondeur irascible et sévère,
Viens ce soir toucher notre verre ;
De ce choc l'électricité
Te transmettra notre gaîté.
Ton esprit, jusqu'alors morose,
A l'instant verra tout en rose,
Comprenant que l'homme joyeux
En ne s'emportant pas, ne *s'en porte* que mieux.
Mes amis, vite un gai refrain !
La Folie
Sait charmer la vie.
On se rit des coups du Destin
En cachant sous des fleurs les ronces du chemin.

O France! ta vigne féconde
Nous fait les échansons du monde....
Pour le Progrès, nous convions
A se grouper les nations.
En tête, alors, comme aux vendanges,
Nous guidons ses nobles phalanges.
Les peuples soumis au Coran,
Qui leur défend le vin marchent au dernier rang.

Mes amis, vite un refrain!
La Folie
Sait charmer la vie.
On se rit des coups du Destin
En cachant sous des fleurs les ronces du chemin.

J'admire peu les sépultures
Où ce n'est que marbre et sculptures;
Je ne voudrais sur mon tombeau
Qu'une treille formant berceau.
De ses pleurs, la terre mouillée,
S'éveillerait pour la feuillée;
Plus tard, par ses raisins dorés,
Mes amis, accourus, seraient désaltérés.

Mes amis, vite un gai refrain!
La Folie
Sait charmer la vie.
On se rit des coups du Destin
En cachant sous des fleurs les ronces du chemin.

LE BOULLENGER,

Président de la *Lice Chansonnière*.

POLICHINELLE

Musique de Victor RAYLHAN

Dou, dou, ridoudou !
Polichinelle
La fait belle.
Il rit comme un fou,
Il boit, comme un trou,
Jusqu'au dernier sou
De son escarcelle.
Dou, dou, ridoudou,
Dou, dou, ridoudou !

Voilà qu'il passe, et sur sa mine
On peut deviner son penchant,
A son gros nez qui s'illumine,
Rouge comme un soleil couchant.
Voilà qu'il passe sans envie ;
Son verre plein le satisfait.
Comme il voit s'écouler sa vie,
Content de ce que Dieu l'a fait !

Dou, dou, ridoudou !
Polichinelle
La fait belle.
Il rit comme un fou,
Il boit, comme un trou,

Jusqu'au dernier sou
De son escarcelle.
Dou, dou, ridoudou,
Dou, dou, ridoudou !

Esprit railleur, il apostrophe
La sottise et la vanité ;
En riant, c'est un philosophe
Qui dit toute la vérité ;
Il sait que le fripon se montre
Avec les dehors les plus beaux ;
Il n'a jamais l'heure à sa montre,
Et ne porte que des sabots.

Dou, dou, ridoudou !
Polichinelle
La fait belle.
Il rit comme un fou,
Il boit, comme un trou,
Jusqu'au dernier sou
De son escarcelle.
Dou, dou, ridoudou,
Dou, dou, ridoudou !

De son bâton, qui le seconde,
La traditionnelle vertu
Fait sauver aux bornes du monde
Le créancier qu'il a battu.
Mais il est fâcheux qu'il s'enflamme
Contre un sexe faible et léger ;
Il a tort de battre sa femme
Puisqu'il ne peut la corriger.

Dou, dou, ridoudou !
Polichinelle
La fait belle.
Il rit comme un fou,
Il boit, comme un trou,
Jusqu'au dernier sou
De son escarcelle.
Dou, dou, ridoudou,
Dou, dou, ridoudou !

Une belle nuit, après boire,
Qu'il faisait tapage au dehors,
Un commissaire en robe noire
Vint pour l'appréhender au corps.
Sur le magistrat intraitable
Versant son trop plein de gaîté,
Croyant avoir affaire au diable,
Il assomma l'autorité.

Dou, dou, ridoudou !
Polichinelle
La fait belle.
Il rit comme un fou,
Il boit, comme un trou,
Jusqu'au dernier sou
De son escarcelle.
Dou, dou, ridoudou,
Dou, dou, ridoudou !

De ses deux bosses, qu'on renomme,
Battant les murs en chaque endroit :
« Quand on est bossu, dit notre homme,
« On ne saurait pas marcher droit. »

Puis il dit à qui veut médire
Sur sa double difformité :
« N'a pas qui veut bosse du rire
« Et bosse de la liberté! »

Dou, dou, ridoudou !
Polichinelle
La fait belle.
Il rit comme un fou,
Il boit, comme un trou,
Jusqu'au dernier sou
De son escarcelle.
Dou, dou, ridoudou,
Dou, dou, ridoudou !

Joseph LANDRAGIN,

Membre de la *Lice Chansonnière*.

LE CAPITAINE CUPIDON

Air de l'Auteur des paroles, ou musique de F. WACHS

Le capitaine Cupidon
Est un jeune et joli dragon
    Qui plaît aux filles ;
Son langage et son air vainqueur
Suffisent pour charmer le cœur
    Des plus gentilles.
Aussi chacune aime, dit-on,
Le capitaine Cupidon.

Le capitaine Cupidon
A fait broder sur son guidon
    Deux tourterelles...
Il possède des talismans
Pour rendre les cœurs inconstants
    Toujours fidèles.
Aussi partout consulte-t-on
Le capitaine Cupidon.

Le capitaine Cupidon
Est tout fleuri comme un buisson
    Quand l'Été sonne ;
Comme il ne sait rien refuser,
A sa lèvre pend un baiser
    Qu'en route il donne...
Aussi de loin appelle-t-on
Le capitaine Cupidon.

Le capitaine Cupidon
Est léger comme un papillon
    Qu'un souffle emporte.
Il dit partout son chant aimé,
Et du réduit le mieux fermé
    Ouvre la porte.
Aussi bien souvent rêve-t-on
Au capitaine Cupidon.

Le capitaine Cupidon,
Quoique sans un poil au menton,
    Aime la gloire ;
Par les boudoirs et par les bois
Il conduit les jolis minois
    A la victoire !
Nul ne peut résister, dit-on,
Au capitaine Cupidon.

Le capitaine Cupidon
Est souvent doux comme un mouton,
    Mais, qu'on y pense !
Il se plaît à de malins tours,
Hélàs ! et fane pour toujours
    Fleur d'innocence.
Aussi quelquefois maudit-on
Le capitaine Cupidon !

Hippolyte RYON,

Membre de la *Lice Chansonnière*.

MES PASSE-TEMPS

Air : **A coups d' pied, à coups d' poing**

CLÉ DU CAVEAU, Nº 549

Chacun dans le choix de ses jeux
Montre un goût plus ou moins heureux,
Sans s'occuper si l'on en glose;
Permettez que je mette au jour,
Bonnement et sans nul détour,
    Les passe-temps
    Qui charment mes instants :
Faut bien s'amuser à quelque chose.

Trouvant un sujet qui me plaît,
J'en rime aisément le couplet,
Et ma chanson est vite éclose.
Mais, si mon esprit peu fécond
De mon sac laisse voir le fond,
    Chez mon voisin,
    Je puise au magasin :
Faut bien s'amuser à quelque chose.

La natation a pour moi
Des charmes d'un bien doux émoi,
Que vous comprendrez, je suppose :
Un ami veut-il se baigner,
M'offrant vite à l'accompagner,
    Dans quelque trou
    Je lui fais boire un coup :
Faut bien s'amuser à quelque chose.

J'aime la pêche, mais le vent
Est un obstacle que souvent
A mes désirs le Ciel oppose ;
Ayant attendu tout le jour,
Le soir, au lieu de faire four,
Mon jonc ployé
Ramène.... un chat noyé :
Faut bien s'amuser à quelque chose.

La chasse aussi me plaît beaucoup,
Mais je rate souvent mon coup
Sans en pouvoir saisir la cause ;
Pourtant, un jour, dans un fourré,
Un grand lièvre s'étant fourré,
En visant bien,
J'étends roide... mon chien :
Faut bien s'amuser à quelque chose.

On prétend que dans nos salons
Les dames traînent un peu longs
Des jupons qu'aux yeux on expose ;
Quant à moi, je ne m'en plains pas,
Et je ris lorsqu'à chaque pas,
Mon pied dessus
Fait craquer le tissus :
Faut bien s'amuser à quelque chose.

Amant du malin Cupidon,
Qui prend un masque pour guidon,
Je me plais à voir tout en rose ;
Mais quand je suis dans son taudis,
Si le minois est laid, je dis :
Garde ton loup
Et ..... rions jusqu'au bout :
Faut bien s'amuser à quelque chose.

6

A me voir autant de noirceur,
Chacun me prend pour un farceur
De bêtise ayant forte dose ;
Mais je vous le déclare ici,
Si je vous ai conté ceci,
C'était afin
De vous dire à la fin :
Faut bien s'amuser à quelque chose.

Jules ÉCHALIÉ,

Membre du Caveau et de la *Lice Chansonnière.*

HEUREUX D'ÊTRE MALADE!

Air : **C'est le meilleur homme du monde**
CLÉ DU CAVEAU, n° 686

Il est doux de se bien porter,
Il est bon d'être né robuste;
Pourtant il faut se contenter
Si l'on n'est pas large du buste.
Pourquoi ne l'avoûrais-je pas?
Souffrir ne me rend point maussade;
Il est même de certains cas
Où c'est plaisir d'être malade.

C'est que je suis si bien soigné!
En ces moments, ma femme est bonne;
Je vois de l'amour témoigné
Aux frictions qu'elle me donne.
Oh! mes amis, si l'on savait
Combien divine est sa panade,
C'est alors que l'on s'écrîrait :
Est-il heureux d'être malade!

Et mon tendre et bon petit chien,
Là, sur mon lit, toujours fidèle,
Son œil noir fixé sur le mien,
Me dit : « La santé revient-elle? »
Près de ces deux attachements,
Ma boisson peut-elle être fade?
Non! non! ce sont des jours charmants
Que les jours où je suis malade.

Joseph PÉTRÉAUX.

A LA BIEN-AIMÉE!

Air de l'Auteur des paroles

Enfant, ta tendresse t'abuse!
Ne pleure plus sur mon trépas.
La mort — que ton amour accuse —
Déplace et ne supprime pas.
La tombe qu'elle me prépare
De mon corps seul s'emparera,
Et mon âme — qui s'en sépare —
Sous mille formes survivra.

Crois, ô ma chérie,
Ton fidèle ami :
Où finit la vie
Tout n'est pas fini!

Je serai la brise embaumée
Qui dans tes cheveux se joûra...
Je serai la fleur parfumée
Dont la senteur t'enivrera.
Je serai la flexible mousse
— Frais tapis de l'ombreux vallon —
Qui rendra la terre plus douce
Où posera ton pied mignon.

Crois, ô ma chérie,
Ton fidèle ami :
Où finit la vie
Tout n'est pas fini!

Te rappelant le doux mystère
De nos rendez-vous d'autrefois,
Lorsque tu viendras, solitaire,
Errer aux profondeurs des bois,
Prise d'une extase suprême,
Au tableau qui te charmera,
Je serai, si tu dis : Je t'aime!
L'écho qui le répétera.

Crois, ô ma chérie,
Ton fidèle ami :
Où finit la vie
Tout n'est pas fini!

Puis, à l'heure où sur ta paupière
Le sommeil répand ses pavots,
A ton chevet, ombre légère,
Je protégerai ton repos.
Et quand de ton terrestre lange
Te délivrera l'Éternel,
Nos âmes, sur des ailes d'ange,
Repartiront ensemble au ciel!

Crois, ô ma chérie,
Ton fidèle ami :
Où finit la vie
Tout n'est pas fini!

Jules JEANNIN,

Archiviste et Maître des Chants de la *Lice Chansonnière.*

A mon ami Alfred LECONTE.

LE LABOUREUR

Musique d'Ernest CHEBROUX
ou air de la Cinquantaine (L. CLAPISSON).

Tout le jour, en fouillant la plaine
Où renaîtront les gerbes d'or,
Je vais droit sans craindre la peine,
Et mon esprit prend son essor.
Des passions aucun murmure
Ne trouble ma sérénité ;
Je cherche alors la vérité
En étudiant la nature.

Pressant mes bœufs de l'aiguillon,
En te guidant, ô ma charrue,
Ma pensée, agreste, ingénue,
Comme ton soc, creuse un sillon !

Le laboureur, cet homme utile,
Rend, s'il raisonne son travail,
Une terre ingrate, fertile,
Dont profitent grange et bétail.
Calculant avec prévoyance,
Des fléaux même il fait la part.
Ta marche est livrée au hasard,
Humanité ! Quelle démence !

Pressant mes bœufs de l'aiguillon,
En te guidant, ô ma charrue,

Ma pensée, agreste, ingénue,
Comme ton soc, creuse un sillon !

Ne laisser nulle terre en friche,
Selon le sol, mettre l'engrais,
Pour que la semence plus riche
Donne sans décroître jamais.
Telle est la simple clairvoyance
De tous nos bons agriculteurs.
Inspirez-vous, législateurs,
De leur naturelle science.

Pressant mes bœufs de l'aiguillon,
En te guidant, ô ma charrue,
Ma pensée, agreste, ingénue,
Comme ton soc, creuse un sillon !

Mais, hélas ! on couvre d'insultes
Tous ceux qui se font un devoir
De crier : « Plus d'esprits incultes,
« Il faut exiger le savoir. »
Ah ! si l'on suivait ces paroles,
On verrait, grâce à ce décret,
Figurer au trop lourd budget
Moins de prisons et plus d'écoles.

Pressant mes bœufs de l'aiguillon,
En te guidant, ô ma charrue,
Ma pensée, agreste, ingénue,
Comme ton soc, creuse un sillon !

Le savoir, comme un puissant fleuve,
Majestueux, libre en son cours,
Doit couler, afin qu'on s'abreuve,
Fécondant tout dans son parcours.

Ah ! qu'il déborde et qu'il nous donne,
Comme le Nil des Pharaons,
De l'été les riches moissons
Et les fruits si doux de l'automne !

Pressant mes bœufs de l'aiguillon,
En te guidant, ô ma charrue,
Ma pensée, agreste, ingénue,
Comme ton soc, creuse un sillon !

A la plume un combat se livre
Ayant ce but : Nous rendre heureux.
Mais rien n'approche du beau livre
Que la Nature offre à mes yeux.
J'y lis ce conseil salutaire :
(Quand donc sera-t-il écouté ?)
« Prodiguez à l'Humanité
» Tous les soins qu'on donne à la terre ! »

Pressant mes bœufs de l'aiguillon,
En te guidant, ô ma charrue,
Ma pensée, agreste, ingénue,
Comme ton soc, creuse un sillon !

LE BOULLENGER,

Président de la *Lic*: *Chansonnière.*

AUX CHANSONNIERS DU JOUR

Air : **Contentons-nous d'une simple bouteille**

CLÉ DU CAVEAU, n° 105

Réveillez-vous, ô muses populaires !
Comprenez mieux la chanson de nos jours !
Délivrez-nous de ces refrains vulgaires
Qui vont charmer l'écho des carrefours !
Des doigts crochus de la sottise humaine,
Vieux luth français, qui donc t'arrachera ?
Assez, assez de fariradondaine,
De turlurette et de landerira.

De nos dîners, où l'amitié s'épanche,
Je n'entends pas exiler la rondeur ;
Notre gaîté n'en serait pas moins franche
Si nos chansons avaient plus de pudeur.
Comme toujours, attablons-nous sans gêne,
Et des flacons quand l'esprit sortira,
Assez, assez de fariradondaine,
De turlurette et de landerira.

Des mœurs des champs, donnez-nous la peinture ;
Comme l'oiseau, chantez sous un ciel bleu ;
Au doux printemps, épelez la nature ;
Inspirez-vous du grand livre de Dieu ;
Glorifiez les trésors de la plaine,
Le moissonneur qui les récoltera :
Assez, assez de fariradondaine,
De turlurette et de landerira.

Dans la mansarde où l'humble jeune fille
Sent trop souvent son courage abattu,
Qu'un chant d'espoir excite son aiguille !
C'est le travail qui soutient la vertu.
Entrevoyez pour Jeanne ou Madeleine
Qu'un tendre époux un jour la choisira :
Assez, assez de fariradondaine,
De turlurette et de landerira.

Dans l'atelier, à la forge, à l'enclume,
Aux lourds marteaux cent fois retentissants,
Du forgeron que la verve s'allume
Au feu sacré de généreux accents !
Apprenez-lui le mépris de la haine,
Et son cœur d'homme à l'amour s'ouvrira :
Assez, assez de fariradondaine,
De turlurette et de landerira.

Atteint au cœur, le vieux monde agonise,
Et des abus pour vaincre le pouvoir,
Le peuple enfin a besoin qu'on l'instruise :
Enseignez-lui son droit et son devoir.
Il doute encor, dans la brume lointaine,
Que le soleil pour tous se lèvera :
Assez, assez de fariradondaine,
De turlurette et de landerira.

Joseph LANDRAGIN,

Membre de la *Lice Chansonnière*.

FEMME ET FLEUR

CONTE

Un dandy désœuvré, par un beau jour d'été,
    Se promène dans la campagne,
Fier d'avoir à son bras une pâle beauté
Qui parle de toilette et de vin de champagne,
Et qui sans doute, hier, grisette au frais minois,
Ne demandait son pain qu'au travail de ses doigts.
Le couple rit... et bâille. Une Rose l'arrête.
Le dandy veut l'avoir, l'arrache, et triomphant
    Comme un enfant,
Tout en faisant le beau, la donne à sa conquête.
La Rose, vierge et pure, au vent voit ses couleurs
    Se faner... et puis disparaître.
On lui vole, en jouant, ses parfums enchanteurs
Sans songer que jamais ils ne pourront renaître.
    Lasse de parfums... et d'ennui,
Comme le chaud soleil pâlit devant la nuit,
La jeune femme, enfin, tord la Rose et l'effeuille.
    Et jonchant le chemin poudreux,
La plus belle des fleurs semble dire aux doux yeux :
— « Pour me laisser flétrie, à quoi bon qu'on me cueille ? » —
Ah ! pauvre enfant ! jadis les fleurs trouvaient en toi
    Une sœur aimante, empressée.
Mais jadis, pure aussi, tu possédais la foi !
Autrefois, cette fleur, tu l'aurais ramassée...
Tête folle qui crois qu'un gai « turlututu »
Peut remplacer le cœur, l'amour et la vertu.

Prends-y garde, ma mie; un jour, demain peut-être,
Le galant séducteur qui te sourit si bien,
Blasé, fera semblant de ne pas te connaître :
Rose effeuillée aussi, tu ne seras plus rien.

. . . .

Pauvre fille et pauvre fleurette,
Votre sort est souvent pareil :
On vous arrache au doux soleil,
On vous respire... et l'on vous jette.

Hippolyte RYON,

Membre de la *Lice Chansonnière*.

L'ÉGLISE DE MASONNAY

ou

L'HALE AU BIED

———~BOG~~———

L'ÉGLISE DE MARSANNAY

ou

LA HALLE AU BLÉ

———oℯℴ———

Satire en patois bourguignon avec traduction

en regard

L'ÉGLISE DE MASONNAY

ou

L'HALE AU BIED

————

E Masonnay,   (*bis.*)
On y é mai foi in' belle hâle au bied!
Ben qu'ai r'sembl' putôt ai in' grange,
Ai veul' en fair' l' saijô des anges
    De l'hâle au bied.   (*bis.*)

Lai mér' Cotry,   (*bis.*)
Elle y a taijô forré sans qu'on y ôt dit;
Son homm' s'en fâch' quand on li en pale,
Ai perd patience et li pot' sai cale
    Dans l'hâle au bied.   (*bis.*)

Mossieu Chastain, *   (*bis.*)
Ai y a sôvent aiveu sai treup' d'engeains;
Quand elle y chant' tôt y récouigne,
On dirôt aivoi des ch'vaux qu'régignent
    Dans l'hâle au bied.   (*bis.*)

Ç'a l' pèr' Pouléa,   (*bis.*)
Qu'ail y fait mai foi bé l' biguéa;
Tia, qu'on dirôt ai sai paraide
Qu'on y aurôt fait migé d' la m....
    Dans l'hâle au bied.   (*bis.*)

L'ÉGLISE DE MARSANNAY

OU

LA HALLE AU BLÉ

A Marsannay,
On a, ma foi, une belle halle au blé!
Bien qu'elle ressemble plutôt à une grange,
Ils en veulent faire le séjour des anges
De la halle au blé.

La mère Cotry,
Elle y est toujours fourrée sans qu'on lui ait dit;
Son homme s'en fâche quand on lui en parle,
Il perd patience et lui porte son bonnet de nuit
Dans la halle au blé.

Monsieur Chastain,
Il y est souvent avec sa troupe d'enfants ;
Quand elle y chante tout y rend un son aigu,
On dirait entendre des chevaux qui hennissent
Dans la halle au blé.

C'est le père Poulot
Qui y fait, ma foi, bien le bigot ;
Si bien, qu'on dirait à sa parade (à son air)
Qu'on lui a fait manger de la m....
Dans la halle au blé.

Tôs les bombis   (*bis.*)
Aiveu leur air teu rébêti,
Ai sont tôs prosternés ai g'noux :
On dirôt aivoi i tas d' mesuroux
          Dans l'hâle au bied.   (*bis.*)

          L' Conseil et l' mare,   (*bis.*)
Ç'a qu'ai y ont fait d' bé bonn's affares !
Ai s' sont ruinés jusqu'au daré d'nei
Pô fair bâtir i bia peig'nei
          Sus l'hâle au bied.   (*bis.*)

          Ma, r'gadez donc !   (*bis.*)
Qua qu' ç'a que c' qui? Ç'a l' Saint-Sacrement !
Ç'a aiveu c' qui que l' prêtr' travaille :
En se r'tônant, ai b'nit lai canaille
          Dans l'hâle au bied !   (*bis.*)

Tous les pompiers,
Avec leur air tout hébété,
Ils sont tous prosternés à genoux :
On dirait voir un tas de mesureurs (de blé)
Dans la halle au blé.

Le Conseil et le Maire,
C'est qu'ils y ont fait de bien bonnes affaires !
Ils se sont ruinés jusqu'au dernier denier
Pour faire bâtir un beau pigeonnier
Sur la halle au blé.

Mais, regardez donc !
Qu'est-ce que cela? C'est le Saint-Sacrement !
C'est avec cela que le prêtre travaille :
En se retournant, il bénit la canaille
Dans la halle au blé !

LE CURÉ DE POMPONNE

LÉGENDE DU XVIIIᵉ SIÈCLE

Air connu
CLÉ DU CAVEAU, nᵒ 745

A confesse m'en suis allé
    Au curé de Pomponne :
— Le plus gros péché que j'ai fait
    Est d'embrasser un homme.
    Ah ! il m'en souviendra,
        Larira,
    Du curé de Pomponne !

Le plus gros péché que j'ai fait
    Est d'embrasser un homme.
— Ma fille, pour ce péché-là,
    Il faut aller à Rome.
    Ah ! il m'en souviendra,
        Larira,
    Du curé de Pomponne !

Ma fille, pour ce péché-là,
    Il faut aller à Rome.
— Dites-moi, monsieur le curé,
    Y mènerai-je l'homme?
    Ah ! il m'en souviendra,
        Larira,
    Du curé de Pomponne !

Dites-moi, monsieur le curé,
    Y mènerai-je l'homme?
— Ah! vous prenez goût au péché,
    Je vous entends, friponne.
    Ah! il m'en souviendra,
        Larira,
    Du curé de Pomponne!

Ah! vous prenez goût au péché,
    Je vous entends, friponne.
— Embrassez-moi cinq ou six fois,
    Et je vous le pardonne.
    Ah! il m'en souviendra,
        Larira,
    Du curé de Pomponne.

Embrassez-moi cinq ou six fois,
    Et je vous le pardonne.
— Grand merci, monsieur le curé,
    La pénitence est bonne.
    Ah! il m'en souviendra,
        Larira,
    Du curé de Pomponne!

TABLE

3805. — Paris. — Imp. Vᵉ Éthiou-Pérou et A. Klein, rue Damiette, 2, 4 et 4 bis.

PARIS. — IMPRIMERIE Vᵛᴱ ÉTHIOU-PÉROU ET A. KLEIN

Rue Damiette, 2, 4 et 4 bis.

www.ingramcontent.com/pod-product-compliance
Lightning Source LLC
Chambersburg PA
CBHW060636100426
42744CB00008B/1655